AF588746

OBSERVATIONS

SUR

LA NOTICE

De la Galerie des Antiques au Muséum NAPOLÉON.

AVANT-PROPOS.

Il y avait long-temps qu'en admirant les beautés des antiques du Muséum, j'avais été frappé du peu de vraisemblance, et même de l'absurdité de quelques dénominations des Statues que renferme cette précieuse collection. Après y avoir mûrement réfléchi, je fis part de mes observations à des Artistes et à des Savans distingués, qui les trouvèrent appuyées sur de bons principes ; encouragé par leur approbation, et soutenu par leurs conseils, je les ai réunis en un corps, et c'est ce petit Recueil que je soumets maintenant au jugement du Public.

OBSERVATIONS

SUR

LA NOTICE

De la Galerie des Antiques au Muséum N*APOLÉON*.

PAR UN AMATEUR.

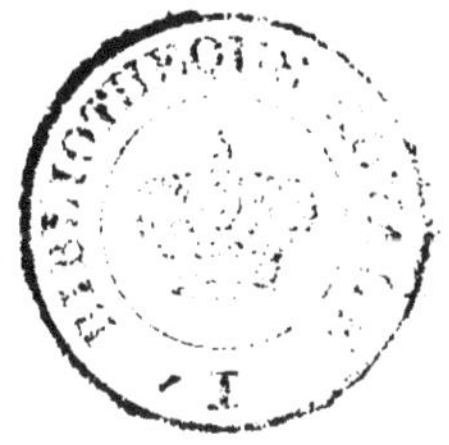

AN XI.

AVIS.

*D*EPUIS *que cet Ouvrage est commencé, l'Administration du Musée Napoléon, vient de donner une nouvelle édition de* la Notice *dudit Musée, et tous les numéros se trouvent changés. Pour la facilité de ceux qui n'ont que l'ancienne Notice, nous conserverons les premiers numéros, en observant seulement de les placer constamment avant les nouveaux, dont ils seront séparés par une barre. Quoique dans cette dernière édition le cit. Visconti ait corrigé plusieurs absurdités des précédentes, je laisserai néanmoins subsister mes remarques sur ces articles que je noterai.*

OBSERVATIONS (1)

SUR

La Notice de la Galerie des Antiques au Musée NAPOLÉON.

IL est d'une si grande importance pour les Artistes de se conformer rigoureusement *au costume et aux convenances*, qu'on ne peut les voir, sans douleur, exposés à tomber souvent dans de grandes erreurs touchant ces deux parties si essentielles de l'art : et il est indubitable qu'ils y retomberont toujours, tant que les Musées où ils doivent puiser des lumières, seront eux-mêmes la source de l'erreur par l'incurie des Administrateurs. Ce manque d'attention est certainement impardonnable; mais puisque

(1) Le but de ces observations était de relever les erreurs du cit. Visconti, dans les éditions précédentes de sa Notice; mais, comme cet Antiquaire en a commis de nouvelles dans la dernière, nous en ferons pareillement connaître quelques-unes.

le mal est fait, il ne faut plus songer qu'à y porter le remède nécessaire. Quant à moi, je crois que le seul moyen d'y parvenir est de relever, en peu de mots, les principales fautes qu'offre la description du Musée Napoleon, rédigée sous le titre de *Notice des Statues, Bustes, etc.* par le cit. Visconti, Antiquaire, dont la profonde érudition ne permet pas de le taxer d'ignorance dans les descriptions erronées qu'il a faites de quelques Statues antiques. Comme l'intérêt des Artistes doit l'emporter sur toute considération particulière, je me permettrai de faire remarquer au citoyen Visconti les erreurs qu'un peu de négligence de sa part lui a fait commettre. Entrons donc en matière, sans plus tarder, et sans nous restraindre à suivre l'ordre de la Notice.

ART. PREMIER.

GUERRIER *dit* PHOCION,

Nº 74—75.

« Il est debout, dit le cit. Visconti, » nuds pieds, le casque en tête et cou- » vert, en partie, d'une chlamyde, qui

» paraît d'un tissu épais et d'une étoffe » grossière. L'extrême simplicité de ce » costume est peut-être le seul fondement sur lequel, jusqu'à présent, on » a cru reconnaître dans cette Statue, » *Phocion*, ce guerrier distingué par sa » modeste simplicité. L'opinion de ceux » qui prétendent y voir *Ulysse travesti*, » allant avec Diomède reconnaître le » camp des Troyens, est appuyée sur *des* » rapprochemens moins incertains. » (1)

Il me semble qu'il aurait été convenable que le cit. Visconti nous eût fait connaître quels sont ces *rapprochemens moins incertains*, qui font trouver dans cette statue, à des personnes qu'il ne nomme pas, l'apparence d'*Ulysse travesti*, plutôt que celle de *Phocion*, nom qu'elle porte depuis sa découverte, et qui d'ailleurs lui convient assez. Les mots des *rapprochemens moins incertains*, vuide de sens par eux-mêmes, ne peuvent qu'induire les Artistes en erreur, en leur donnant presquecette statue comme un

---

(1) Dans la nouvelle édition de la Notice, le cit. Visconti s'exprime ainsi : . . . . *allant, pendant la nuit reconnaître . . . est appuiée sur des conjectures moins incertaines.*

modèle à suivre lorsqu'ils auront à faire le roi d'Ithaque. Or quoiqu'on puisse, à la rigueur, s'en servir lorsqu'il est dans les remparts élevés par les enfans de la Grèce, le cit. Visconti, en énonçant son opinion, oublie que le père de la Poésie grecque a fait connaître, d'une manière bien claire, que le valeureux fils de Laërte était couvert de son armure, lorsqu'accompagné de Diomède, il osa pénétrer dans le camp des Troyens au milieu des ombres de la nuit : et les Artistes grecs, qui le plus souvent ont puisé leurs sujets dans Homère, se sont trop rigoureusement conformé aux descriptions qu'il a laissées des événemens arrivés devant Troie, pour que l'Auteur du prétendu *Ulysse travesti* puisse s'en être si fort écarté. En effet, comme je viens de le dire, Homère décrit, d'une manière très-détaillée, l'armure des deux Héros; c'est au Chant X de l'Iliade, pages 112 et 117, du tome 2 de la traduction de Gin.

. . . .

. . . . . . entrant dans sa tente, le sage Ulysse prend *son bouclier*, et marche avec eux . . . .

« Les deux Héros s'arment en diligence,

» le vaillant Trasimède donne au fils de » Tydée une épée à deux tranchans, » car la sienne est restée dans sa tente; » le fils de Nestor l'arme d'un bouclier » et d'un casque noir de cuir de taureau, » sans ornemens, sans panache, tel que » le portent les plus jeunes guerriers. » *Merion donne à Ulisse un arc, un car-» quois, une épée, un casque de plusieurs » cuirs, serrés étroitement par de nom-» breuses courroies, etc.* » Après un détail aussi circonstancié de l'armure du fils de Laërte, peut-on raisonnablement croire le retrouver dans la Statue dite Phocion? Car admettant, pour un moment, que l'Auteur de cette Statue n'ait pas eu connoissance de cette description d'Homère, ou que du moins il n'y ait nullement pensé, ne se serait-il pas rendu l'objet de la risée publique, en représentant, *nuds pieds, le casque en tête, et couvert en partie d'une chlamyde, qui paraît d'un tissu épais et d'une étoffe grossière*, un Héros qui, suivi d'un seul guerrier, ne craint pas de franchir, au milieu des ténèbres, une vaste plaine, toute couverte de morts et d'armes brisées, et de pénétrer dans un camp où reposent tant de milliers d'ennemis, qu'un Dieu jaloux peut arracher des bras du sommeil, pour les susciter contre les téméraires espions? Cette remarque peut s'appliquer à une autre expédition d'Ulisse et de Diomède, lorsqu'ils enlevèrent du temple de Minerve le palladium, après avoir massacré les gardes qui étaient à la porte. Si par hasard c'était à cette expédition périlleuse que le cit. Visconti fit allusion, il sentira sans doute la vérité de la remarque que je viens de faire sur l'absurdité du costume d'Ulysse dans ces deux cas. En effet, on est armé différemment pour faire ce que rapportent Virgile, *Enéid. l.* 2; et Ovide, *Métam. l. XIII*, *f.* 1.

Disons donc, je crois, avec plus de raison, que pour ne point induire les Artistes en erreur touchant la Statue du *Phocion*, le cit. Visconti devait ainsi la définir :

« Ce Guerrier est debout, nuds pieds, » etc. etc. Peut-être représente-t-il un » personnage des siécles héroïques? mais » jusqu'à présent on s'est accordé à y » reconnaître *Phocion*, ce Guerrier dis» tingué par sa modeste simplicité. »

Par cette description le cit. Visconti eût évité l'emploi de ces mots *des rap-*

prochemens moins incertains, et la citation de l'opinion de ces personnes anonymes, qui prétendent y voir *Ulysse travesti*, *etc. etc.* Au reste, quoique le cit. Ingres, dans son tableau de l'ambassade à Achille, ait tracé son Ulysse sur le modèle de celui du cit. Visconti, c'est ici le cas d'avertir les Artistes de montrer la plus grande circonspection dans l'emploi qu'ils peuvent faire des figures antiques sous les noms qui leur sont assignés par les Antiquaires.

I I.

MARS, nº 130—157.

S'il est difficile de reconnaître *Ulysse travesti* dans *Phocion*, il l'est encore bien plus de croire qu'une figure d'homme, exposée sous le nº 130—157, puisse représenter *Mars*, comme le citoyen Visconti veut le faire entendre, en disant dans sa Notice :

« Le Dieu de la guerre, caractérisé » par son casque et son bouclier, est ici » figuré d'un âge mûr et avec de la » barbe, tel que nous l'offrent les mé» dailles des Brutiens et les monnaies » d'or de la République romaine. »

Je me permettrai de faire au cit. Visconti quelques remarques à ce sujet. Winkelman ayant à nommer la Statue d'un Guerrier portant de la barbe et la tête couverte d'un casque, comme celui en question, après avoir rejetté le nom de *Pyrrhus*, sous lequel elle était connue (1), refusa pareillement d'y reconnaître un *Dieu Mars*, en disant : « Comme cette » tête est manifestement un idéal, on » pourrait se figurer d'y reconnaître un » Dieu Mars; mais cette idée n'est pas » plus recevable que la première, at- » tendu que *tous les simulacres de Mars* » *en marbre et en médailles, nous offrent* » *toujours ce Dieu sans barbe.* » (Wink. Hist. de l'Art, tome III, l. VI, ch. IV, p. 103, traduct. de Huber.)

Voilà donc Winkelman et le citoyen Visconti en opposition, puisque ce dernier Antiquaire trouve *Mars* dans une figure d'un âge mûr, malgré le principe ci-dessus énoncé de Winkelman, *que*

---

(1) Il le rejetta, parce que, comme Pignorius l'avait remarqué avant lui, les successeurs d'Alexandre et conséquemment Pyrrhus, ne portaient point de barbe, comme le démontrent leurs médailles, et celles bien authentiques de Pyrrhus.

tous les simulacres de Mars en marbre et en médailles, etc. Mais s'il faut prononcer là dessus, je crois que la vérité et la raison sont pour l'Antiquaire allemand. En effet, le témoignage des médailles des Brutiens et des monnaies d'or de la République romaine, touchant la barbe de Mars, n'est d'aucun poids ici, vû que la Statue en question est d'un stile grec et non pas étrusque (1), et la raison répugne à croire que les Artistes grecs aient jamais emprunté des usages des autres nations, rien qui puisse aussi mal quadrer avec les idées qu'ils s'étaient formées de leurs Dieux; et personne n'ignore que les anciens ont toujours dépeint Mars comme un jeune homme beau, bienfait, digne fils de Junon et amant de Vénus. Or, y a-t-il le moindre rapport entre ce portrait du Dieu de la guerre et la Statue en question ? La tête n'en est nullement belle, elle n'a ni noblesse ni esprit dans la physionomie, et l'ensemble de la figure n'offre pas ce beau idéal *surhumain*, qui fait constamment le propre des Divinités grec-

(1) Tout le monde sait que les Etrusques ont fait barbus presque tous leurs Dieux.

ques. Et certainement si les Artistes eussent fait un Mars barbu, ils lui auraient donné le caractère divin, qu'ils ont si bien imprimé aux Jupiters, aux Neptunes; enfin l'inspection des parties naturelles qui sont à l'état *puber*, éloigne toute idée de divinité dans cette Statue. Concluons donc de tout cela que le cit. Visconti aurait dû la définir, celle d'un Guerrier des siécles héroïques, représenté d'un âge mûr, la tête couverte d'un casque, et portant une épée et un bouclier.

Par cette définition le cit. Visconti ne s'exposait pas à faire tomber dans l'erreur de jeunes Artistes, en leur donnant peut-être l'idée de faire un Mars barbu; représentation qu'on ne saurait trop leur recommander d'éviter, malgré l'exemple contraire que leur ont donné nombre de peintres célèbres, et notamment le Guerchim, dans son tableau de *Mars*, *Vénus* et l'*Amour*, exposé au Musée Napoléon, dans la galerie *Italienne*, *sous le n°* 944.

III.

MARS VAINQUEUR,

N° 139—134.

« L'analogie qui existe entre cette » Statue et plusieurs autres pareilles qui » se voient à Rome, ne permet pas » d'hésiter à y reconnaître le *Dieu Mars* » dans la force de l'âge et dans une at- » titude guerrière. » (1)

Telle est la description que le cit. Visconti fait d'une figure d'homme nud, *puber*, portant de la barbe, et ayant les bras restaurés, ajoutez à cela que la tête semble être un portrait. Comme le cit. Visconti est forcé de convenir de la privation totale d'attribus qu'offre la figure en question : «*Puisque les Satues de Rome » portent ordinairement un baudrier, passé » en sautoir sur l'épaule, dans la main » gauche un globe, surmonté d'une petite » victoire, et dans la droite une épée,* » il s'en tire en disant : *que cette diffé- » rence ne doit s'attribuer qu'à l'Artiste*

---

(1) Paroles du cit. Visconti dans l'ancienne Notice.

» *moderne qui, en restaurant les bras de* » *notre Statue, lui a fait tenir un sceptre* » *et un globe, dans la persuasion où il* » *était qu'elle représentait un Empereur* » *romain.* »

Cette réunion d'attribus aux prétendues Statues qui sont à Rome, loin de rien prouver en faveur de celle du n° 139—134, ne peut même, en aucune façon, faire reconnaître un *Dieu Mars* dans ces Statues, puisque dans une toute semblable à celles que décrit le cit. Visconti, et qui vient d'être exposée au Muséum, à la place de la Vénus de Troade, sous le n° 131, la tête, ainsi que celle du n° 139—134, est un portrait avec de la barbe, comme on la portait au siécle d'Adrien; le corps n'est point *divin*, et ce qui prouve davantage contre l'opinion du cit. Visconti, c'est la puberté des parties naturelles, qui, comme je l'ai déjà remarqué, et comme je le démontrerai plus amplement en parlant du *Mercure du Belvedere*, ne peut, par conséquent, se rencontrer dans les images d'aucun des Dieux. De tout cela ne pourrait-on pas conclure que ces diverses Statues nous offrent l'image d'un Empereur romain, représenté en triomphateur, après quelque succès éclatant contre les ennemis de l'empire? Au reste, le cit. Visconti peut se persuader que ces figures n'ont jamais représenté Mars.

I V.

LE SOLEIL,

dit ALEXANDRE *du Capitole*,

N° 110—189.

On a souvent, je le sais, donné les dénominations les plus impropres aux Statues que le temps nous a conservées; qu'on les change donc, qu'on leur en substitue de plus convenables; la raison ne peut s'y opposer, au contraire, elle l'ordonne. Mais quand une figure a reçu une dénomination plausible, et que tous les Antiquaires l'ont approuvée, pourquoi vouloir lui en donner une autre? Il est triste pour les Arts, que les hommes qui, par leur profonde érudition, devraient tracer la route aux autres, soient les premiers à donner naissance à l'erreur, par le peu de retenue qu'ils montrent dans les opinions nouvelles qu'ils émettent chaque jour. Malheureusement le cit. Visconti me semble être tombé dans cette faute, en décrivant un Buste d'homme exposé au Muséum, sous le n° 110—189, et dont il dit :

« L'art et la mythologie des Grecs » ont souvent représenté le *Soleil* avec » une forme et des attribus différens de » ceux d'*Apollon* : cette tête en est un » exemple. »

Jusqu'à ce jour on a considéré cette tête, comme l'un des plus beaux Bustes du vainqueur de Darius et de Porus, d'*Alexandre le Grand*, et, comme je le démontrerai plus bas, c'est le seul nom qui lui convienne.

En effet, la description du citoyen Visconti n'est pas appuiée sur des rapprochemens bien certains ; car de ce que l'*art et la mythologie des Grecs ont souvent représenté le Soleil sous une forme et avec des attribus différens de ceux d'Apollon*, en faut-il conclure que cette tête en est un exemple, en disant qu'on reconnaît le *Dieu du Jour* à sa physionomie sereine et tranquille, comme si les monumens antiques n'offraient la sérenité qu'aux seules images du Soleil.

Ce qui n'est pas; les Bacchus, le Jupiter du n° 116, plusieurs têtes d'Apollon et de Mercure, et la tête de *quelque sexe qu'elle soit* (1), connue sous la dénomination d'*Ariadne du Capitole*, offrent une physionomie aussi sereine et aussi tranquille. Enfin, s'il faut le dire, ce Buste, malgré son mérite, est loin de présenter les traits qu'on veut trouver à un Dieu de la jeunesse, et que l'Artiste était si en état de rendre. Concluons donc de tout ce que nous venons de dire, que l'idée de *Soleil* est entièrement bannie, et que les preuves dont s'appuie le cit. Visconti ne sont pas assez-fortes.

Voyons maintenant si le nom d'Alexandre, que le Buste portait, n'était pas appuié sur des rapprochemens moins équivoques, pour ne pas dire sur les preuves les plus convaincantes, fournies par l'inspection même de cette tête que Winkelman regardait avec raison comme l'une des plus belles que l'antiquité nous ait transmise du fils de Phi-

---

(1) Je m'exprime ainsi, parce que le citoyen Visconti, après avoir donné précédemment à cette tête le nom de *Bacchus*, vient de retourner à l'ancienne opinion des Antiquaires, et y reconnaît une *Ariadne*.

lippe. (*Hist. de l'Art. tome III, l. VI, c. III, p.* 87.)

Elle a la plus parfaite ressemblance aux autres portraits de ce conquérant ; elle porte, comme toutes les autres têtes, le regard dirigé en haut (1), et conformément à la remarque qu'en ont faite tous les Historiens, la tête un peu inclinée sur l'une des épaules ; de plus les cheveux relevés sur le front, et tombant par ondes en différens étages, comme ceux de Jupiter, conviennent parfaitement à ce conquérant, qui voulait passer pour fils du maître des Dieux. (Cette ressemblance dans la manière de traiter les cheveux est due, sans doute, à Lysippe qui, ayant à faire le portrait du vainqueur de l'Asie, lui donna le caractère, et selon les apparences, les cheveux du plus puissant des Dieux, en quoi il aura été imité par les autres artistes (2).) Quant au bandeau ou *strophium*, qui ceint cette tête, outre que

(1) Cette position est indiquée dans une épigramme grecque, sur une Statue d'Alexandre, par Lysippe. *Anthol. l.* 4, *p.* 312, *l. II.*

(2) Cette remarque est de Winkelman, à l'endroit cité ci-dessus.

c'est l'attribut caractéristique des Dieux, il appartient encore aux héros et aux rois; et sous ces trois points de vue, il convient parfaitement à Alexandre, qui jouit après sa mort d'une espèce d'apothéose. Par cette même raison les rayons indiqués par les sept trous du strophium, (supposé qu'ils soient antiques) ne sont pas déplacés autour de la tête de ce prince, que la flatterie excessive de ses courtisans corrompit au point qu'il se croyait digne des honneurs divins; et l'admiration que sa valeur excita parmi les grecs, peut les avoir portés à lui donner les attribus de la Divinité et du Soleil. Concluons donc de tout cela que la raison empêche de méconnaître *Alexandre le Grand* dans le Buste du n° 110—189.

V.

GUERRIER BLESSÉ,

dit GLADIATEUR MOURANT.

N° 94—96.

La description que le cit. Visconti fait de cette fameuse Statue, ne peut pas être accusée d'induire les Artistes en erreur, touchant le costume ou les convenances, puisqu'ils peuvent, en toute sûreté, se servir de cette figure pour faire un gaulois. Mais les Antiquaires pourraient bien n'être pas pleinement satisfaits sur le temps que le cit. Visconti semble avoir assigné à l'exécution de cette figure; car après avoir cherché, dans une note pleine d'esprit, à faire entendre qu'elle représente *un guerrier Barbare, peut-être Germain ou Gaulois, expirant en homme de courage, sur le champ de bataille*, le citoyen Visconti ajoute, dans une note qui suit : « Cette » Statue est tirée du Musée du Capitole, » où Clément XII l'avait fait placer. » Autrefois elle était à la *Villa Ludovisi*, » où se conserve encore un groupe » d'un sujet analogue à celui-ci, connu » sous la fausse dénomination d'*Arria et* » *Pætus. Il est probable que ces deux* » *morceaux de sculpture décoraient jadis* » *le monument triomphal de quelque vain-* » *queur romain, tel que César ou Ger-* » *manicus.* »

S'il m'était permis d'énoncer mon opinion, je dirais au cit. Visconti, 1° que Winkelman, après avoir rejetté les noms de *Gladiateur mourant* et d'*Arria* et *Pætus*, donnés aux grouppes en question, a presque démontré que le prétendu *Gladiateur est un hérault grec* (1), peut-être *Polyphonte*, hérault de Laïus, ou *Copréas*, hérault d'Eurysthée, ou enfin *Anthémocrite*, qui fut tué par les Mégariens, et il a fait voir d'une manière bien convaincante (2) qu'*Arria et Pætus* sont *Canacée, fille d'Eole, roi des Tyrrheniens, se donnant la mort avec une épée que son père lui envoya par un garde, qui ignorant le motif de sa mission, se tua après avoir vu la princesse se percer de cette épée* (3). 2° Le même Antiquaire a répété vingt fois, soit dans son *Histoire de l'Art*, soit dans son *Essai sur l'Allégorie*, ou dans sa *Préface des Monumens*, que l'expérience l'avait convaincu *qu'il ne se retrouve point de re-*

---

(1) Wink. *Hist. de l'Art. tom. III, l. VI, c. II, p. 42 et suiv.*

(2) Winkel. *Hist. de l'Art. tom. III, l. VI, c. VI, p. 181.*

(3) Canacée, fille d'Eole, roi des Thyrrhéniens, et Macarée son frère, épris d'une violente passion l'un pour l'autre, furent contrains, selon l'Hygin, de se donner la mort, dès que leur père fut instruit de leurs incestueuses amours.

présentations de Figures entières, ni en Statues, ni en Bas-Reliefs, tirées de l'Histoire véritable, et que les Artistes de l'antiquité n'ont jamais passé les bornes de la mythologie. 3° Il assigne à la fabrique de ces deux beaux monumens une époque bien antérieure à celle où des Artistes grecs auraient pu les exécuter, pour orner le monument triomphal d'un vainqueur romain. En effet les yeux les moins éclairés reconnaissent sans peine une grande différence entre l'exécution de ces Statues et l'état de l'Art sous la République, et même sous les Empereurs, où il a été reporté à un haut point de perfection; car il y a une différence bien visible entre les monumens du régne d'Adrien et l'*Arria et Pætus*, ou le *Gladiateur mourant*. Ces considérations pourraient faire regarder comme fausse l'opinion du cit. Visconti, que ces figures ont servi à orner jadis un monument triomphal; néanmoins ajoutons encore quelques nouvelles preuves à celles déjà données.

1° Si, par un *monument triomphal*, le cit. Visconti voulait parler d'un monument élevé à la hâte pour l'entrée d'un vainqueur; cette sorte de monument se détruisant ordinairement le lendemain de la fête, le cit. Visconti sait tout aussi bien que moi, qu'il serait absurde de croire que les anciens eussent jamais fait pour cela de Statues aussi excellentes, et qui ont dû coûter tant de tems; que dans cette occasion on cherche à se procurer des Statues antérieurement exécutées, dont le sujet soit analogue, ou approchant, et souvent même entièrement différent; et dans le cas où on ferait exécuter des Statues pour une entrée triomphale, serait-il raisonnable de croire que les anciens n'ont pas alors employé, comme les modernes, le plâtre ou la terre cuite. Ainsi les Statues de la *Villa Ludovisi* ne peuvent être appuiées par la Note du cit. Visconti.

2° Si, d'un autre côté, cet Antiquaire a en vue un monument durable, tels qu'étaient chez les anciens les colonnes *Trajanne* et *Antonine*, la Statue équestre de *Marc-Aurele*, l'Arc-de-Triomphe d'*Ancône*, le monument de *Pozzuoli*, etc. etc.; et parmi les modernes, ceux des places *Vendôme* et des *Victoires*, élevés à la gloire de Louis XIV, ou la Statue de Henri IV, sur le Pont-neuf, etc. ; ou bien celle de Pierre le Grand à Pétersbourg, il est impossible qu'un tel monument n'ait pas été célébré par les Poëtes, vanté par les Historiens qui nous ont fait la description de tant d'autres ; ou que du moins quelque inscription ou des médailles ne nous en retracent pas l'image.

3° Enfin, en admettant un moment que ces Statues aient servi à décorer le monument triomphal d'un vainqueur romain, tel que César ou Germanicus, qui aurait dompté les Gaulois ou les Germains, encore faudrait-il que les fastes de l'Histoire nous rappelassent quelques traits analogues aux actions représentées dans ces Statues, et c'est ce qui n'est pas ; en effet César, Tacite ni Tite-Live ne rapportent rien de semblable. Concluons donc de tout cela, que le cit. Visconti doit s'abstenir de fixer l'emploi de ces Statues, tant qu'on n'aura pas sur cet article de données plus convaincantes.

V I.

MERCURE,

*dit l'*ANTINOUS *du Belvédère*;

N° 125—129.

De toutes les négligences qu'offre la Notice du cit. Visconti, la plus grande, sans doute et la moins pardonnable, est celle où est tombé cet Antiquaire, en croyant voir des Mercures partout. Dès qu'une figure de jeunesse porte les cheveux courts et frisés, le cit. Visconti lui donne le nom de *Mercure*, sans faire attention si l'inspection même de la Statue ne dépose pas fortement contre l'opinion qu'il avance. Cette conduite peu censée est d'autant plus blamable, qu'elle peut donner aux Artistes des idées très-fausses sur le costume et les convenances, et les faire tomber dans des erreurs que le cit. Visconti serait le premier à relever fortement. Faisons donc connaître le mal, afin qu'on puisse y porter le remède nécessaire.

Commençons par la célèbre Statue connue sous le nom d'Antinous du Belvédère.

Après avoir dit que depuis long-temps les Antiquaires s'étaient apperçu que la tête de cette figure ne ressemblait nullement aux têtes bien avérées d'Antinous, mais qu'ils étaient partagés sur le nouveau nom à lui donner, les uns y voyant *Thésée*, d'autres *Hercule imberbe*, le plus grand nombre voulant que ce fût un *Méléagre* (1), opinion qui n'était cependant fondée que sur un léger rapport de l'attitude de cette figure avec celle de la célèbre Statue de ce héros; le cit. Visconti ajoute:

« Aujourd'hui un examen plus attentif a convaincu qu'elle représente *Mercure*: on y reconnaît ce Dieu à ses cheveux courts et naturellement frisés, à la douceur de ses traits, à cette légère inclinaison de tête qu'il semble pencher pour écouter les vœux qui lui sont adressés, à la vigoureuse complexion de ses membres, qui indique l'inventeur de la gymnastique, enfin à ce manteau, dont il a le bras enveloppé, symbole de la célérité qu'il met à exécuter les ordres des Dieux.

(1) C'était l'opinion de Winkelman, comme nous le verrons ci-après.

On

» On n'apperçoit pas, à la vérité, les » attributs les plus connus de Mercure, » tels que le pétase, le caducée, la bourse » et les talons ailés; mais ces attributs » ne sont pas tellement essentiels, qu'on » ne trouve plusieurs Statues de ce Dieu, » qui en sont privées en tout ou en partie; et d'ailleurs les mains, qui manquent, en portaient sans doute quelques-uns, comme le caducée, qui » était dans la main gauche, et la bourse » dans la main droite; enfin, pour changer cette conjecture en démonstration, » il suffira d'observer que l'on a vu longtemps dans la Galerie du palais *Farnèse*, une Statue antique, absolument » semblable à ce prétendu *Antinoüs*, » qui avait les talons ailés et le caducée » à la main, attributs dont la majeure » partie était indubitablement antique. »

Avant de prouver au citoyen Visconti l'absurdité du nom de *Mercure*, donné à cette Statue, commençons par lui montrer combien sont peu décisifs les indices qui font, selon lui, reconnaître le fils de Maïa.

1° De toutes les figures antiques de jeunesse, que le temps nous a conservées, n'y a-t-il donc que celles de

Mercure, qui portent *les cheveux courts et frisés*? Non, sans doute. Le Méléagre, les fils de Laocoon, ceux de Niobé, le prétendu Papirius (1), et tant d'autres figures antiques les portent de même (2); en sont-ils plus *Mercures* pour cela?

2° *Mercure* seul doit-il avoir de la *douceur dans les traits, et une légère inclinaison de tête*? Les Castors ont certainement autant de douceur dans les traits et d'inclinaison de tête, ainsi que le fameux Amour grec, honoré par le cit. Visconti, du titre de *Cupidon Fragment*, ou l'Adonis du n° 107—118, et néanmoins ils n'écoutent les vœux de personne.

3° L'image d'une vigoureuse complexion de membres est-elle si exclusivement réservée aux images de Mercure, qu'on puisse, comme fait le cit. Visconti, reconnaître ce Dieu à cette marque? Le Méléagre, le Jason, et tant d'autres qu'il serait trop long de nommer, sont

(1) C'est cette figure que Winkelman, *Hist. de l'Art. tom. III, l. VI, p.* 184, a démontré représenter Oreste.

(2) On peut, à ce sujet, consulter la précieuse collection du cit. Giraud, sculpteur distingué, demeurant place Vendôme.

au moins aussi vigoureux, en sont-ils pour cela les inventeurs de la gymnastique ?

4° Enfin *ce manteau dont il a le bras enveloppé, symbole de la célérité qu'il met à exécuter les ordres des Dieux*, n'appartient pas seulement aux Statues de *Mercure*. Nombre de héros, qui ne sont les messagers ni des Dieux ni des hommes, en portent de semblables, tels sont le Méléagre, le Jason, le petit Héros grec, le fils de Niobé, qui fuit, etc. Toutes ces remarques font voir que les indices qui ont déterminé le cit. Visconti à reconnaître Mercure dans cette Statue, ne sont pas assez certains pour permettre l'emploi de ces mots arrogans, *aujourd'hui un examen plus attentif a convaincu qu'elle représente* Mercure ; *on y reconnaît ce Dieu, etc. etc.*

Pour ce qui est de la privation totale des attribus les plus connus de Mercure, le cit. Visconti, qui est forcé d'en convenir, y supplée, en disant : *ces attribus ne sont pas tellement enssentiels qu'on ne trouve plusieurs Statues de ce Dieu, qui en sont privées en tout ou en partie.* Il devait au moins nous faire connaître quelles sont ces Statues de Mercure, *qui sont privées en tout ou en partie de ses attribus les plus connus;* par là on aurait pu juger de la validité de l'opinion qu'il avance, au lieu qu'en gardant le silence sur cela, il pourrait donner à croire que ces Statues n'ont jamais existé que dans son imagination. N'aurait-il pas dû nous dire pareillement ce qu'est devenue la Statue du prétendu *Antinoüs* au palais *Farnese*, Statue *qui avait les talons ailés et le caducée à la main, attribus dont la majeure partie était indubitablement antique*? O! l'excellente preuve que ces mots *indubitablement antique.* Mais il ne suffit pas qu'on présume que la majeure partie de deux attribus soit dans ce cas, il faut le prouver en forme, et je crois que le cit. Visconti aurait assez de peine à le faire. En effet la Galerie du palais Farnêse était trop connue, pour que la Statue d'*Antinoüs*, semblable à celle du *Belvédère*, ait pu échapper aux recherches de Caylus, de Winkelman et des autres Antiquaires, qui trouvant une Statue mieux conservée que cette dernière, et représentant Mercure, n'auraient pas manqué, puisqu'ils reconnaissaient la fausseté de la dénomination d'*Antinoüs*, donnée à ces Statues, de leur rendre celle qui, seule, leur convenait. Si, d'un autre côté, le temps où cette Statue s'est vue au palais *Farnese* est plus recent, le cit. Visconti devait s'assurer par lui-même de l'authenticité des attribus en question. Comme il ne l'a pas fait, je lui objecterai, moi qui n'ai jamais vu la Galerie du palais *Farnèse*, que s'il ne connaît pas une petite figure en bronze d'*Antinoüs*, qui a appartenu au célèbre comte de Caylus, au moins doit-il en avoir entendu parler (1). Cette figure est une réduction antique de la Statue, dite *Antinoüs du Belvédère;* elle offre seulement de plus que cette dernière, les deux mains qui se sont conservées; la droite est posée sur la hanche, et la gauche tient le bout du manteau qui est posé sur l'épaule, et tombe le long du côté gauche. Ainsi le caducée ne peut trouver place dans aucune des deux mains, et les pieds qui sont antiques n'offrent pas la moindre trace des ailes

(1) En effet elle est gravée avec les autres pièces qui composaient le cabinet de cet Antiquaire, dans un volume in-4°.

de l'*Antinoüs* du palais *Farnese*. Or, il serait absurde de croire que l'Artiste qui a fait cette réduction se soit permis de changer ainsi le sujet de son original, en supprimant totalement les attributs, qui peuvent seuls faire reconnaître Mercure. De plus, il s'est conservé d'autres répétitions en bronze de l'*Antinoüs du Belvédère*, telle est celle de la grandeur de l'original, conservée à Salzbourg, et une autre, de même grandeur, dans le jardin d'Aranjuez, château de plaisance du roi d'Espagne : *aucune d'elles n'offre les attributs de Mercure*. Ne doit-on pas conclure de tout cela, que le prétendu *Antinoüs* ne peut représenter ce Dieu.

Néanmoins, eu égard à l'extrême beauté de cette figure, on pourrait, malgré le peu de justesse de rapport de ses attributs, à ceux de *Mercure*, consentir à reconnaître ce Dieu, d'après la description qu'en fait le cit. Visconti, si cet Antiquaire pouvait en changer l'état des parties naturelles, qui, par leur puberté, éloignent toute idée de Divinité. En effet, comme je l'ai déjà dit, ces indices de l'humanité ne se trouvent à aucune Statue authentique des

Dieux de jeunesse, tels que *Mercure*, *Mars*, *Apollon*; et tout homme sans prévention conviendra que cette apparence de la puberté ne peut en aucune façon s'accorder avec l'idée de ce printemps éternel, qui fait comme l'essence des Divinités grecques. Je pourrais citer ici vingt passages de l'*Histoire de l'Art*, où Winkelman peint si bien le soin constant des anciens à conserver l'image de cette jeunesse permanente; mais je me contenterai de rapporter un endroit de cette Histoire, qui convient parfaitement à notre observation, puisqu'il s'agit de déterminer si un Dieu peut être *puber*.

Winkelman était si persuadé du contraire, qu'il corrigea un passage de Pline, qui aurait pu faire entendre que Praxitele avait fait *puber* un *Apollon sauroctonon*. Voici le passage : *fecit et puberem Apollinem subrepenti lacertæ cominus insidiantem* (1). (Plin. *l*. 34, *c*. 19, § 10.)

(1) Peut-être Pline aura-t-il véritablement employé le mot *puberem*, pour faire concevoir que Praxitele fit son *Apollon Sauroctonon* dans les proportions d'un jeune homme fait, et il

« Il me semble, dit Winkelman, » qu'il faudrait lire *impuberem*, au » lieu de *puberem*, et cela pour plus » d'une raison ; la première raison, je » la tire de la signification du mot *puber*, » et de la configuration de la Statue » d'Apollon. *Puber* s'appelle, comme » l'on sait, un jeune homme qui a at- » teint l'âge de puberté, et chez qui » cet âge se manifeste par le poil qui » commence à pousser. *Impuber* s'ap- » pelle un jeune garçon chez qui on » n'apperçoit encore aucun de ces ca- » ractères. Aux figures d'Apollon on ne » remarque nulle trace de poil, quoique » la plupart soient représentées dans des » Statures entièrement développées, tel » que l'Apollon du Belvédère ; car *dans » ce Dieu, ainsi que dans d'autres Divi- » nités du jeune âge*, les Artistes se pro- » posaient d'y exprimer le type d'une » jeunesse éternelle, et l'image d'un » printemps permanent, comme nous » l'avons observé dans la seconde partie

---

aura pu se servir de ce mot *puberem*, sans craindre de faire un équivoque ; l'idée de faire un Dien *puber*, étant absolument inconnue aux anciens.

» de cette Histoire. Il résulte que dans » ce sens on ne peut appeller aucun » Apollon *puber*, et qu'ils sont tous » *impubères*. »

La seconde raison qui détermine Winkelman, n'a pas rapport à la puberté des Dieux; seulement il infère d'une épigramme de Martial sur cette Statue, qu'Apollon ne pouvait être *puber*, puisque ce poëte l'appelle *puer*, enfant, jeune garçon (1).

« J'emprunterai la troisième raison, » ajoute Winkelman, des trois Statues » qui nous restent de ce Dieu, ainsi fi- » guré. Une de ces Statues, qui est de » marbre, et qui se voit à la Villa Bor- » ghèse, nous représente l'âge d'un » jeune garçon, quoiqu'elle soit dans la » proportion d'un jeune homme fait, » et nous offre par conséquent un » Apollon *impuber*, etc. etc. etc. » (Wink. *Hist. de l'Art. tom. III*, *l. VI*, *c. II*, *p.* 60, *trad. de Huber.*)

Cette citation est un peu longue, mais elle démontre trop visiblement la

---

(1) Ad te reptanti, *puer* insidiose, lacertæ, parce, cupit illa digitis perire tuis. Mart. *l.* 14, Epig. 172.

fausseté de la dénomination de Mercure, donnée à la Statue du Belvédère, pour qu'on puisse me blâmer de l'avoir rapportée.

Du reste le cit. Visconti peut s'assurer de la vérité de cette remarque, sans sortir du Muséum; en effet, il verra *impubères* tous les Dieux (1) de jeunesse que renferme cette précieuse collection, tels sont l'Apollon du *Belvédère*, le Lycien, le Delphique, le Sauroctonon, l'Apolline, les Bacchus, le Génie funèbre, l'Amour grec, l'Amour embrassant Psiché, les jeunes Faunes des n° 50, 52—48, 53—49, qui, comme Dieux de jeunesse, sont *impubères*; enfin une petite Statue d'homme, exposée sous le n° 128—153, dans la Salle d'Apollon, et qui représente indubitablement *Mercure*, puisqu'elle offre les

---

(1) L'état *impuber* des parties naturelles était si généralement donné aux Dieux, que les anciens ont constamment représenté *impuberes* les mortels qui ont joui des honneurs de l'Apothéose, tel est au Muséum la Statue d'*Antinoüs* en *Hercule*, n° 25. En un mot, je le répète encore, je défie le cit. Visconti de montrer une figure authentique d'un Dieu de jeunesse, qui soit à l'état *puber*.

aîles à la tête et aux talons, le caducée à la main, le manteau autour du bras, la tortue consacrée à ce Dieu, comme inventeur de la lyre, et pour appui de la figure, un petit pilastre du genre de ceux qui soutenaient les barrières des Gymnases (1). Cette jolie figure est exactement posée comme celle du *Belvédère*; ainsi la description que le cit. Visconti a faite de cette dernière, peut lui être appliquée, puisqu'elle offre, outre les attribus les plus connus de Mercure, la même douceur de traits, la même inclination de tête, la même frisure de cheveux, le manteau, la vigoureuse complexion de membres qu'offre la Statue du *Belvédère*. Néanmoins il est bon d'observer que l'état des parties naturelles est très-différent, puisqu'elles sont *impubères*. Or le soin que l'ancien Artiste a porté à l'exécution de cette petite figure, ne permet pas de croire que l'état *impuber* des parties naturelles soit un effet de sa négligence; non, sans doute, il a fait son Mercure *impuber*, parce qu'il savait bien qu'un Dieu ne peut

(1) De plus, il y a tout lieu de croire que le bras droit qui manque, portait la bourse.

offrir raisonnablement aucun des indices de l'humanité. Concluons donc, d'après les autorités ci-dessus citées, et conformément au bon goût, *qu'il est de toute impossibilité que les anciens aient fait pubères des Divinités de jeunesse, tels que Mars, Mercure, ou tout autre, et qu'ainsi les Statues à cet état, que le cit. Visconti nous donne pour des Dieux, n'en sont certainement pas.*

Ajoutons encore un mot pour prouver combien on a toujours été opposé à l'idée de faire des Dieux *pubères*, non-seulement chez les anciens, mais même chez les modernes. Considérons l'histoire de Psiché, peinte par Raphaël, au palais Chigi ou petit Farnèse; a-t-il fait *puber* un seul de ses Dieux de jeunesse ? Le sublime Lesueur a fait de même dans son tableau représentant l'*Amour, qui donne ordre à Mercure d'annoncer son pouvoir à l'Univers, etc.* Nulle considération particulière ne faisait agir ces grands Artistes, c'est le goût seul qui les guidait. S'il était possible de prendre, sur cela, l'opinion du premier Consul, je suis certain qu'il penserait comme Winkelman; son goût est trop excellent pour qu'on puisse lui supposer d'autres sentimens. Pour ce qui est du nom qu'il convient de donner au prétendu Mercure, je crois qu'il faut y reconnaître, avec Winkelman, le Vainqueur du sanglier de Calydon, *Méléagre*, dans ce recueillement de l'ame, qui ne permet plus aux sens d'agir . . . . mais que fais-je? Est-ce à moi d'oser décrire cette admirable figure, qu'on ne peut trop inviter les Artistes à étudier souvent? Ils y trouveront le plus parfait modèle d'une beauté *humaine* de jeunesse, et qui marche immédiatement après l'Apollon (1). Comme rien n'égale l'admirable

---

(1) Qu'on ne croie pas néanmoins que la beauté du Méléagre, qui égale presque celle d'Apollon, me fasse penser comme plusieurs Antiquaires, qui prétendent trouver le même personnage diversement représenté dans Apollon vainqueur du serpent Python; Méléagre du sanglier de Calydon; Hercule de celui d'Erimanthe; Jason conquérant de la toison d'or; Thésée, Castor et Pollux, etc. etc. et regardent tout ce que les Poëtes racontent de ces divers Héros, comme autant de fictions pour désigner l'équinoxe du printemps, ou la *lumière victorieuse des ténèbres*. D'après ce beau raisonnement, ils concluent que les Statues de ces Héros ne nous offrent ce beau idéal, qui se fait tant admi-

description que Winkelman en a donnée, que puis-je faire de mieux, que de la rapporter ici dans son entier.

---

rer, que pour désigner l'origine céleste qu'ils leur attribuent ; et ils ne veulent pas qu'un Artiste grec se soit appliqué à faire une figure sublime d'un des ces Héros, en le considérant comme homme ; ils veulent qu'il ait puisé dans l'astronomie l'idée du beau idéal qu'il a imprimé à ses ouvrages, ce qui est du dernier ridicule ; car de ce que, selon ces Savans, tous ces différens personnages ne sont autres que le Soleil, allégoriquement représenté, il n'en faut pas conclure que c'est la raison qui a fait élever tant de Statues à Méléagre et aux autres ; c'est qu'ils étaient célèbres dans les fastes de la Grèce. Pour donner un exemple de l'absurdité du sentiment de ces Antiquaires, quoique par les rêveries qu'a mises en vogue un Antiquaire vivant, le cit. Dupuis, on veuille faire trouver l'équinoxe du printemps dans ces différens personnages, et dans Saint-George, qu'on change en *Persée délivrant Andromède* ; supposant un moment la vérité de cette assertion, ne serait-il pas absurde de croire que Raphaël ne pensait pas uniquement à Saint-George et à Saint-Michel, lorsqu'il les peignit dans les tableaux qu'on voit au Muséum, sous les n°s 932, 933 et 934, et que le souvenir seul de l'allégorie l'a déterminé à leur imprimer le sublime idéal qu'il a si bien rendu dans tous ses tableaux ? Pourquoi donc prêter aux anciens une idée aussi bisarre ? *Ils ont fait les Héros presque aussi*

« La tête est, sans contredit, une des » plus belles têtes de jeunesse de l'anti- » quité, le visage d'Apollon respire la » fierté et la majesté; mais la physiono- » mie de *Méléagre* nous offre l'image » des grâces de la jeunesse et de la beauté » du bel âge, accompagnée de l'inno- » cence naïve et du desir modéré, sans » l'indice d'aucune passion capable de » troubler l'harmonie des parties, et » cette douce paix de l'ame imprimée » à tous ses traits. Ensevelie dans ce » calme profond et livrée, pour ainsi » dire, à la jouissance d'elle-même, » cette noble figure indique, par sa po-

---

beaux que les Dieux, pour exprimer cette noblesse et cette perfection, qu'on croyait être essentiellement le propre des Héros, dant les veines desquels circulait le sang du Maître de l'Univers. Mais j'ai tort de parler à qui ne veut m'entendre; grâce au cit. Dupuis, nous allons nous trouver dans un vrai chaos, touchant la mythologie; Bacchus est Saint-Denis, et Saint-George n'est pas autre que Persée, Thésée, Jason, Méléagre, Hercule, Horus, Apollon, et tous ces personnages sont le Soleil. Nous aurons besoin que quelque nouveau Héros vienne dissiper les ténèbres que les Antiquaires ont amoncelées sur nos têtes. Dans tous les cas, ce ne sera ni le citoyen Dupuis, ni le citoyen Visconti.

» sition, ce silence de l'ame, où les sens » recueillis semblent n'avoir plus de » commerce avec les objets extérieurs. » Ses yeux ceintrés avec une douce in» flexion, comme ceux de la Déesse » des Amours, mais sans indiquer le » desir, parlent un langage plein d'in» nocence. Sa bouche circonscrite dans » un tour agréable, respire l'émo» tion, sans paraître la sentir. Ses joues » nourries et arrondies par les Grâces, » formant un bel accord avec son men» ton élevé et arrondi, achèvent de dé» crire le contour gracieux de ce noble » adolescent. Cependant son front dé» note déjà plus que le jeune homme, » il annonce le Héros futur, par la gran» deur imposante qu'il acquiert, comme » le front d'Hercule. Sa poitrine est » puissamment élevée; ses épaules, ses » côtes et ses hanches sont d'une beauté » achevée. » (Wink. *Hist. de l'Art. tom. III*, *l. VI*, *c. VII*, *p.* 228.)

VII.

MERCURE,

N° 154—146.

« La pose et l'attitude de ce Mercure

» ayant un rapport sensible avec celui » du Vatican, on peut en consulter » l'explication, dit le cit. Visconti, dans » sa Notice. » Ce Mercure du Vatican est celui qui a donné lieu à la dissertation précédente, nous y renvoyons aussi le lecteur, parce que les remarques que nous avons faites sur cette Statue sont exactement les mêmes que nous pourrions faire sur celle du n° 154 —146. J'observerai seulement que cette Statue étant infiniment moins belle que la précédente, la méprise du citoyen Visconti est encore plus grossière. En effet la pose n'est pas assez noble pour un Dieu, et la tête n'a ni esprit, ni grâce dans la physionomie. Après les paroles ci-dessus rapportées, le citoyen Visconti ajoute : « On observera seulement que celui-ci offre quelques attributs de plus, comme les ailes qu'il » a sur la tête, et qui étaient indiquées » par deux trous, dans lesquels les anciennes étaient insérées, et le caducée, » dont portion est antique. » Je lui observerai à mon tour, que pour ce qui est des trous à la tête, ils n'existent point; et quant au caducée, il ne faut que voir la Statue en question, pour être convaincu que ce tronçon était peut-être un javelot, ou une lance, ou même un morceau d'arc; mais qu'il n'a jamais pu faire portion d'un caducée.

VIII.

MERCURE Enagonios,

N° 217—80.

Qu'on ne croie pas que le cit. Visconti ne trouve des *Mercures* que dans des figures en pied, et qui du moins peuvent avoir des rapports avec le fils de Maïa. L'esprit de cet Antiquaire est bien plus pénétrant ; car il trouveun simulacre de ce Dieu dans une tête seule, à peine ébauchée, qui n'a ni ailes ni petase, qui n'est point inclinée pour écouter les vœux qui lui sont adressés. C'est ce qui lui est arrivé, en décrivant une tête de jeunesse, exposée au Muséum, sous le n° 217—80. Voici comme il s'exprime :

« Cette tête, en marbre pentelique, » montre dans sa physionomie les mêmes » traits qui caractérisent quelques ima- » ges de Mercure. Les oreilles sillonnées » par des cicatrices horizontales, sont

» propres à l'inventeur de la gymnasti-
» que. *Le bandeau qui ceint sa courte*
» *chevelure , convient également aux*
» *Dieux et aux athlètes vainqueurs.* » (1)

Cette manie de trouver ainsi des Dieux partout pourrait faire appliquer au cit. Visconti ces vers d'Horace, sur un cit. d'Argos, qui, assis seul sur le théâtre, s'imaginait entendre les plus belles tragédies du monde, quoiqu'il n'y eut ni acteurs ni spectateurs.

. . . . Fuit haud ignobilis Argis,
Qui se credebat miros audire tragedos,
In vacuo lætus cessor plausorque theatro.
(*Hor. ép.* 2, *l.* 2.)

En effet de ce que cette tête a quelque ressemblance de traits avec plusieurs tête de Mercure, faut-il en conclure

---

(1) Dans la nouvelle Notice, le cit. Visconti supprime cette phrase, *le bandeau qui ceint*, *etc.* parce qu'effectivement ce bandeau n'existe point, comme je le fais observer dans ma Critique. Cette inexactitude dans l'observation des attributs des Statues antiques, prouve le peu d'attention que le cit. Visconti porte à ses descriptions, et le peu de cas qu'on doit faire de ses jugemens, la plupart hasardés ; car qu'on se trompe sur la dénomination d'une Statue, rien n'est plus aisé ; mais qu'on voie ce qui n'y est point, c'est ce qu'on ne peut excuser.

qu'elle représente ce Dieu ? Observons d'abord que la chevelure extrêmement rare de cette tête ne peut guère convenir à Mercure, qui ne porte pas les cheveux si courts. Secondement, quant au bandeau dont le cit. Visconti a ceint la courte chevelure de cette tête, les autres Dieux en portent bien de semblables, mais jamais Mercure n'est représenté ainsi. Au reste, ce qui met fin à toute dissertation sur cet article, c'est qu'il n'existe et n'a jamais existé de bandeau autour de cette tête (1). Quant aux *oreilles sillonnées par des traits horizontaux*, et qui par là *sont propres à l'inventeur de la gymnastique*, je doute fort que le cit. Visconti puisse nous montrer un Mercure bien authentique avec de

---

(1) Comme le cit. Visconti s'est vu contraint de ne pas faire mention de bandeau autour de cette tête, il s'est empressé d'en trouver un à une autre tête de jeunesse en bronze, n° 103, qu'il a, selon sa coutume, appellé du nom de Mercure, dans une description, qui véritablement est inintelligible, par la citation inutile des médailles des rois de Macédoine, sans nous dire si ces médailles représentent ou ne représentent pas Mercure dans des têtes semblables qu'elles portent.

pareilles oreilles (1), la nature divine ne permettant pas que rien puisse l'altérer, ou du moins lui imprimer aucune cicatrice. D'ailleurs, comme aucun poëte ne fait mention que Mercure ait été blessé dans un combat athlétique, il serait absurde de croire que l'Artiste a pris sur lui-même d'en agir ainsi. Concluons donc, je crois, avec plus de raison, que le cit. Visconti devait définir cette tête, le portrait d'un *athelète vainqueur*, peut être un personnage héroïque.

IX.

ANTINOUS, *dit du Capitole.*

N° 97—98.

Antinoüs, jeune bythinien, d'une grande beauté, et favori de l'empereur Adrien, qui, malgré sa philosophie, l'aima, dit-on, au-delà des bornes permises, s'étant immolé volontairement dans un sacrifice qu'on faisait en

---

(1) Winkelman qui, le premier, a remarqué cette sorte d'oreilles à plusieurs images d'Hercule, les a pareillement retrouvées à celles de plusieurs athlètes, mais jamais, que je sache, aux têtes de Mercure.

Egypte, pour la prolongation de la vie de l'empereur, vers l'an 133 de Jesus-Christ, Adrien, inconsolable de sa perte, en même-temps que charmé de son dévouement, lui éleva un nombre prodigieux de Statues, lui donna des temples et des oracles. Aujourd'hui même encore, de tous les grands hommes de l'antiquité, Antinoüs est celui dont il reste le plus grand nombre de portraits; on en découvre sans cesse. Les plus célèbres sont l'Antinoüs de la Villa Albani, celui de Casali, la tête de celui de Mandragone, etc. etc. enfin celui dit *du Capitole*. C'est en décrivant cette dernière Statue, que je crois que le citoyen Visconti est tombé dans son erreur ordinaire, celle de voir partout des apparences de Dieux, et surtout celle de Mercure. Adrien, il est vrai, fit représenter son ami sous la forme de plusieurs Dieux; en effet, nous l'avons représenté en Bacchus, en Divinité égyptienne, en Hercule; mais, comme je le répère encore, si le cit. Visconti ne s'était pas, mal-à-propos, rempli la tête de l'idée de *Mercure*, il n'aurait sans doute pas cru en reconnaître la pose et les attribus dans l'*Antinoüs du Capitole*, dont il dit :

« Antinoüs, etc. se trouve représenté » dans celui-ci, ayant à peine atteint » l'âge de puberté ; il est nu : sa pose » et la forme de ses cheveux ont quel- » que rapport avec celles de *Mercure*, » dont probablement il portait le ca- » ducée dans la main droite. »

Ce n'est plus *indubitablement* comme dans le prétendu *Mercure* du Belvédère, c'est ici *probablement* qu'Antinoüs portait un caducée. Il est étonnant que cet Antiquaire n'ait pas ajouté que les talons portaient autrefois des ailes, ce qui était très-facile, attendu que les pieds sont modernes.

L'extrême jeunesse d'Antinoüs dans cette Statue ne peut faire concevoir le rapport le plus éloigné avec Mercure, dont, comme le cit. Visconti l'a dit si doctement, les membres doivent présenter l'image d'une complexion digne de l'inventeur de la gymnastique, et dans la supposition qu'Adrien ait jamais fait représenter son favori avec les caractères de Mercure, l'artiste, sans qu'il lui en coûta plus de travail, l'aurait fait à une époque plus avancée de sa vie, comme sont tant d'autres portraits de ce jeune Bythinien. Quant à la pose de cette Statue, elle ne peut réellement convenir qu'à Antinoüs, uniquement représenté, vu la tristesse empreinte dans tous ses traits, et qui semble le tenir dans un abattement général; ce qui, selon la remarque du cit. Visconti lui-même, lui a fait appliquer ce vers de Virgile, sur Marcellus:

Sed frons læta parùm, et dejecto lumina vultu.
(*Eneid, l. VI.*)

Qu'un homme de bonne foi nous dise maintenant s'il croit qu'une telle pose peut convenir à *Mercure*: l'attitude de ce Dieu doit être simple et calme, mais non pas triste. Pour ce qui est des cheveux d'Antinoüs, dont *la forme a quelque rapport avec celle de Mercure*, comme cette Statue est le seul monument, peut-être, qui représente ainsi la chevelure d'Antinoüs, tous ses autres portraits, comme ceux des n°s 105—177 et 200—10, ainsi que l'admirable bas-relief de la Villa Albani, nous l'offrant avec des cheveux plats, et se terminant en mèches spirales, l'idée d'un rapport quelconque

quelconque avec les cheveux de Mercure, se trouvant bannie par les remarques précédentes, il faut absolument en conclure que dans sa jeunesse Antinoüs porta les cheveux plus courts et frisés, et que dans un âge plus avancé, la mode ou toute autre raison les lui fit porter tels que nous les voyons. Cette supposition se trouve même appuyée par l'inspection des portraits d'Adrien, qui, dans sa jeunesse, porta ses cheveux plats, comme nous l'apprend un Buste de lui, conservé à *Bevilaqua* à Venise, tandis que tous ses autres portraits, sans exception, nous l'offrent avec des cheveux bouclés. Dureste je soumets mon opinion au jugement d'Antiquaires plus savans que moi; néanmoins je crois que mon assertion n'est pas plus déraisonnable que celle du cit. Visconti, touchant le rapport des cheveux d'Antinoüs avec ceux de Mercure.

Quand au caducée qu'Antinoüs *tenait probablement dans la main droite*, se peut-il qu'un Antiquaire, aussi éclairé que le cit. Visconti, se permette de former ainsi des conjectures sans aucune preuve, à moins qu'on ne donne ce nom au morceau de bois que le restaurateur a placé, *à tout hazard*, dans la main droite de la Statue en question; car, pour plus d'exactitude, il aurait fallu le mettre dans la main gauche, puisque les Mercures antiques le portent ainsi (1), et que le cit. Visconti le restaure de cette sorte aux figures des n°s 125—129 et 154—146, et au prétendu Germanicus. Or rien n'était si facile que de placer ainsi le caducée, attendu que les deux avant-bras sont modernes. Du reste quelque part qu'on plaça le caducée, je crois qu'il serait également ridicule partout, eu égard à la tristesse d'Antinoüs dans cette Statue, ainsi qu'à son extrême jeunesse.

Mais le cit. Visconti ne songe pas à tout cela, il ne cesse de trouver des Dieux à chaque pas qu'il fait dans le Muséum. Il est malheureux que l'envie de s'élever au-dessus de tous les Antiquaires, et l'idée qu'à lui seul est reservé le privilége de dissiper les ténèbres que le temps a répandues sur tant de monumens, puissent égarer si souvent un savant aussi érudit et aussi ingé-

---

(1) Voyez en un exemple dans le Petit Mercure du n° 128—153.

nieux. La raison, l'intérêt des Artistes, celui du cit. Visconti lui-même, exigent donc qu'on lui montre son erreur; ce que je vais encore me permettre de faire touchant la description du Germanicus. De toutes les explications données par le cit. Visconti, c'est évidemment la plus déraisonnable et la moins ingénieuse. La voici :

X.

ORATEUR ROMAIN,

dit GERMANICUS,

N° 80—83.

« Jusqu'ici cette belle Figure a passé » pour être celle de *Germanicus*, fils de » Drusus et d'Antonia, nièce d'Auguste; » la coupe des cheveux indique à la » vérité, qu'elle représente un person- » nage romain, mais ce ne peut être » ce prince, auquel elle ne convient » ni pour l'âge, puisqu'il mourut à » trente-quatre ans, ni pour les traits » que les médailles nous offrent très- » différens. Un examen plus attentif de » cette Figure eût fait reconnaître son

» analogie avec celle de *Mercure ;* et si » l'on eût observé le geste symbolique » du bras droit, la chlamyde jettée sur » le bras gauche, et retenue autrefois » par le caducée, qui était dans cette » main, la tortue enfin, consacrée à » ce Dieu, comme inventeur de la » lyre, on eût conjecturé, peut-être » avec plus de vraisemblance, que sous » les formes et avec les attributs du » Dieu de l'éloquence, l'ingénieux Ar- » tiste a présenté les traits *d'un orateur » romain, célèbre pas ses succès à la » tribune des Rostres.* »

Winkelman (1) en parlant de cette Statue, n'osa pas énoncer son opinion, et le cit. Visconti, plus habile ou plus téméraire, nous l'explique, à l'aide de ces mots : *Un examen plus attentif eût*

(1) « Le nom du Statuaire, nommé Cléomènes, est gravé sur une tortue posée sur la plinthe ; une draperie qui tient au bas de la figure, d'*ailleurs nue*, et qui doit avoir une signification particulière, descend sur cette tortue. Ici j'avoue mon ignorance, et je n'y trouve pas même lieu d'hasarder une conjecture ; car la tortue sur laquelle la Vénus de Phidias posait le pied, et toutes les tortues symboliques du monde, restent ici sans signification. » (*Hist. de l'Art. tom. III, l. VI, c. VI, p.* 177.)

fait reconnaître son analogie avec celle de Mercure ; et si l'on eût observé, etc. on eût conjecturé que sous les formes et avec les attributs du Dieu de l'éloquence, l'ingénieux Artiste a présenté les traits d'un orateur romain, etc.

J'avoue que je ne conçois nullement ce que le cit. Visconti entend par *les formes du Dieu de l'éloquence.* En effet malgré la beauté surprenante de celles du *Germanicus*, non-seulement ce ne sont que des formes *humaines*, mais encore ce sont celles d'un homme fait ; par conséquent elles ne peuvent, en aucune façon, convenir aux formes *divines* et *juveniles* de *Mercure.* En vain j'examine *le geste symbolique du bras droit;* en vain je compulse tous les poëtes et les mythologues, pour en trouver l'explication, je ne puis la deviner. Ne croirait-on pas que le citoyen Visconti fait la description d'une Statue égyptienne, dont la pose et les mouvemens sont calculés, et ont une signification déterminée ? Mais c'est d'une figure grecque dont il parle, et chacun sait que, quoique les anciens Artistes aient adopté une configuration et une pose particulières pour chaque

Divinité, ils ne s'y sont pas restrains au point de n'en pas changer quelque chose dans les mouvemens de la tête ou du bras ; et je le répète encore, Mercure n'a jamais été caractérisé par des *gestes symboliques*. Pour ce qui est des attributs du Dieu de l'éloquence, dont le cit. Visconti gratifie si généreusement le prétendu *Germanicus*, la plupart sont entièrement déplacés ici, n'ayant pas le moindre rapport à un *orateur*. En effet *la chlamyde* dont il a le bras enveloppé, est tout-à-fait ridicule ici, le mérite d'un tel personnage n'étant pas, je crois, de courir la poste (1) ; *le caducée*, qu'on suppose qu'il tenait autrefois, serait également déplacé ; car une verge qui a la propriété de fermer les yeux aux mortels (2) est un fort plaisant attribut pour un orateur. Quant à la *tortue*, consacrée à Mercure, comme inventeur de la lyre, elle est inutile ici,

(1) Rappellons-nous que le citoyen Visconti donne ce manteau à Mercure, comme symbole de sa célérité à exécuter les ordres des Dieux.

(2) Homère, Il. c. XXIV, tom. 4, p. 181, trad. de Gin. Odyss. c. V, v. 52 et suiv. trad. de Rochefort. Virgile, Eneide, c. IV, v. 245. Ovide, Métam. L. I, fable XIV, etc. etc. etc.

à moins que le cit. Visconti ne donne aussi à son prétendu orateur le talent de la musique. En un mot, quoique ces divers attributs appartiennent bien à Mercure, ils seraient mal choisis ici. Or le mérite de cette Figure démontre trop clairement l'excellent goût de Cléomènes, pour qu'on puisse croire que cet Artiste se serait trompé à ce point dans le choix qu'il aurait fait des attributs du fils de Maïa, pour les donner à son orateur. Et en effet une telle réunion d'attributs serait aussi déplacée, que celle que ferait un peintre ignorant qui voulant représenter un poëte favori d'Apollon et des Muses, lui donnerait au lieu d'une lyre ou d'un cigne, seuls attributs convenables dans ce cas, un arc, un carquois, ou bien un bâton pastoral, attributs d'Apollon à la vérité, mais qui seraient ici entiérement déplacés. Or Cléomènes pouvait aisément figurer un *orateur*, en lui donnant d'abord l'attitude d'un homme qui déclame, puis en plaçant dans sa main un rouleau, ou bien un *scrinium* à ses pieds. Mais avant tout, il l'aurait revêtu de la toge; car, malgré la coupe des cheveux, cette figure étant nue, ne peut être celle d'un romain, attendu que Pline, qui devait en savoir plus que nous, sur les usages de ses concitoyens, nous fait connaître bien clairement que les romains avaient coutume de draper leurs hommes illustres. *Græca quidem res est nihil velare, at contra Romana, etc.* (Plin. *l.* 34, *ch. V*, *art. X*, *lig.* 18 *et* 19, *édit. de* 1723.)

Et c'est ce dont Winkelman a bien reconnu la vérité pendant le long séjour qu'il fit en Italie, n'ayant trouvé de figure romaine représentée nue, que la Statue connue sous le nom de Pompée (1). Aussi, ajoute-t-il, que cela a dû paraître très-extraordinaire même aux romains, attendu que Pline établit en maxime que les grecs étaient dans l'usage de figurer nuds leurs hommes illustres, tandis que les romains les drapaient toujours. (Hist. de l'Art, *l. VI*, *ch. V*, *p.* 157.)

C'est à l'aide de cette maxime de

---

(1) Quoique les traits de la tête de la Statue en question aient de la conformité avec celles très-rares de *Pompée le Grand*, la différence dans le travail des cheveux, outre la nudité extraordinaire de la Statue, pourrait faire rejetter le nom sous lequel elle est connue.

Pline, que le même Antiquaire rejette les noms romains donnés à plusieurs Statues figurées nues : comme lorsqu'il dit, en parlant du Jason qui était ci-devant à Versailles, et maintenant au Muséum central, n° 100—108, que le nom de Cincinnatus ne pouvait lui convenir en aucune façon, attendu qu'étant sans draperie, il ne saurait représenter un personnage consulaire ; *car, encore une fois, etc.* (*L. VI, ch. VI, p.* 165.)

Puis ensuite, au sujet du grouppe de la *Villa Ludovisi*, connu sous le nom d'*Arria et Pætus* (1), après avoir dit que ce ne pouvait être cette action que représentât le grouppe, attendu que les Grecs n'étaient pas dans l'usage de traiter d'autres sujets que ceux de la mythologie, il ajoute ces mots : *D'ailleurs ce serait contre la maxime de Pline de vouloir chercher, dans ce sujet, un événement de l'Histoire Romaine. Nous avons vu que cet écrivain établit que tous les person-*

---

(1) C'est ce grouppe qui, avec le prétendu *Gladiateur mourant*, fait le sujet de la dissertation de l'article V.

nages romains avaient coutume d'être revêtus de draperie, etc. (*L. VI, ch. VI, p.* 180.)

Enfin plus bas encore, en parlant d'un autre grouppe de la *Villa Ludovisi*, nommé *Papirius et sa mère*, et qu'il a démontré représenter *Electre et Oreste*, il dit : *La figure du prétendu Papirius me fournit la meilleure preuve pour me faire rejetter tout sujet de l'Histoire Romaine. D'abord elle est nue, et par conséquent héroïque, c'est-à-dire, comme les Grecs faisaient tous leurs héros ; au lieu que les Romains avaient coutume, etc.* (*L. VI, ch. VI, p.* 184.)

Mais il est temps de terminer toutes ces citations ; car Despreaux dit positivement :

> Tout ce qu'on dit de trop est fade et rebutant,
> L'esprit rassasié le rejette à l'instant, etc. etc.
> (Art. Poët. *ch. I, v. 61 et suiv.*)

Par ces divers fragmens de l'Histoire de l'Art, je crois avoir assez démontré que la figure, dite *Germanicus*, ne peut représenter un orateur romain, attendu qu'elle est nue, ce qui est contraire à la maxime de Pline. Il faut donc supposer que cet écrivain, si curieux de voir les belles choses, n'ait eu aucune connaissance de cette excellente figure, qui contredisait si ouvertement son opinion, et même il faut qu'elle ait été entièrement inconnue à tous les Romains, qui sans cette supposition, n'auraient pas manqué de lui donner un démenti formel sur ce qu'il avançait de leurs usages. Et si on n'admet pas la vérité de cette maxime de Pline, on est obligé de douter d'une infinité d'autres sentences du même auteur, qui jusqu'à ce jour ont été regardées comme entièrement vraies. De plus, quel est cet *orateur romain, célèbre par ses succès à la tribune des Rostres?* Un homme dont les talens auraient été assez grands pour qu'on lui élevât une Statue *sous les formes et avec les attributs du Dieu de l'éloquence*, pourrait-il n'être point connu dans les fastes de l'Histoire, ou du moins Ciceron, Pline ou tout autre écrivain n'auraient-ils pas fait mention de lui dans leurs écrits? Juvenal qui, dans ses satyres, a consigné les noms de tant d'hommes célèbres et d'orateurs, n'aurait-il pas nommé celui ci, et parlé de sa Statue? Cette opinion n'est pas recevable, attendu que lorsqu'un Artiste est capable de produire une figure aussi excellente que celle en question, l'Art est florissant et considéré. Mais admettrait-on que tous les passages des anciens, qui en parlent, sont perdus ? Encore est-il que cette figure aurait été ridicule aux yeux des Romains mêmes, puisque par sa nudité elle ne rappelle ni le pays de l'orateur, ni le costume du temps. Disons donc, je crois avec plus de raison, que l'insignifiance de cette tête, jointe à l'opposition que forment la coupe de ses cheveux et sa nudité, met ce monument au nombre de ceux que le temps a rendus inexplicables, et que tant qu'une inscription, une médaille ou quelque passage des anciens, ne viendront pas nous éclaircir, nous devons dire avec Winkelman, *qu'on ne trouve pas même lieu d'avancer une conjecture* sur la signification de cette Statue et de ses attributs. Néanmoins ce qu'on peut affirmer en toute assurance, c'est qu'il est impossible qu'elle représente *un orateur romain.*

X I.

SUJETS DIVERS.

On pourrait certainement encore relever dans la Notice du cit. Visconti, plusieurs erreurs importantes touchant le costume et les convenances ; mais il suffit d'avoir averti les Artistes d'être en garde contre les décisions trop précipitées d'un Antiquaire érudit et profond, mais dont la raison ne dirige peut-être pas toujours le jugement. Il suffira donc de lui observer que sa Notice lui eût fait infiniment plus d'honneur, s'il eût montré plus de modestie et rendu plus de justice aux autres hommes illustres, qui ont parcouru la même carrière que lui. On désirerait donc, lorsqu'un Antiquaire aurait trouvé la vraie dénomination d'une Statue, que le citoyen Visconti eût dit, par exemple : « Cette Statue était » connue sous la fausse dénomination » de * ; mais tel Antiquaire a démon- » tré qu'elle représente *. » C'est ainsi qu'en parlant du prétendu *Cincinnatus* de Versailles, il aurait dû dire :

« Le nom de *Cincinnatus* donné long-
» temps à cette Statue, ne convenait ni
» à la jeunesse du héros représenté, ni
» à sa nudité mythologique : *Winkelman*
» *a démontré qu'on doit y reconnaître*
» *Jason, etc. etc.* » parce qu'en effet cet Antiquaire l'a démontré bien clairement dans son *Histoire de l'Art*, l. VI, c. VI, pag. 165.

Par ce peu de mots, le citoyen Visconti (1) eût payé à Winkelman le tribut de reconnaissance qui lui est si bien dû, et lui-même se serait fait honneur : car il doit se souvenir combien il fut glorieux à Eschine, orateur athénien, de rendre justice au mérite de Démosthène, son rival (2). Il en

(1) Prenons patience, dans la nouvelle édition de la *Notice*, le citoyen Visconti commence à rendre justice à Winkelman ; encore une ou deux éditions, et elle sera parfaite sur cet article.

(2) Eschine, athénien, ayant été vaincu par les harangues de Démosthène, se retira chez les Rhodiens, qui, charmés de son éloquence, et surpris de sa défaite, en reçurent cette belle réponse : *Si vous eussiez entendu parler Démosthènes, vous ne seriez pas surpris de le savoir mon vainqueur.*

est de même de plusieurs autres Statues, dont le cit. Visconti semble vouloir s'approprier la gloire d'avoir trouvé la vraie signification, à l'aide de ces mots : *Un examen plus attentif eût convaincu*, *etc.* ou d'autres expressions analogues.

Une autre faute à relever dans la Notice du cit. Visconti, c'est l'affectation de créer de nouveaux mots. Le néologisme n'est bon qu'autant qu'il perfectionne la langue d'un pays, ou qu'il aide au progrès des Arts et des Sciences; mais quand il ne fait qu'embrouiller le langage et le rendre barbare, et qu'il peut nuire à la Science, il faut le proscrire hardiment. Je ne puis donc m'empêcher de blâmer le cit. Visconti d'avoir constamment employé le mot *Herme*, dans les Notices précédentes lorsqu'il a eu à parler d'un Buste posé sur une gaîne; c'est par ce nom qu'il avait désigné les huit Bustes qui décorent la Salle des Muses, la comédie et la tragédie, n°s 103—109 et 104—110, le Dieu marin, n° 113, etc. etc. Il doit savoir que la Langue Française, qui évite, autant que possible, les aspirations trop fortes, a remplacé ce mot par celui de *Terme;* ainsi pourquoi innover inutilement ? D'ailleurs s'il ne voulait pas employer le mot *Terme*, il devait dire *Hermès*, comme il le fait maintenant, et non pas *Herme*, mot dur à l'oreille, et qu'aucun écrivain judicieux n'a employé. Dans tous les cas, de quelque mot que le cit. Visconti fît choix, il ne devait pas oublier que le mot *Hermès* ne se dit que des têtes de jeunes gens ; il employait son expression *Herme*, et maintenant le mot *Hermès*, pour des têtes d'hommes faits, et même de viellards, tandis que le mot *Terme* leur est spécialement consacré. Peut-on pareillement ne pas blâmer fortement le cit. Visconti d'avoir employé, dans les éditions précédentes le terme *Fragme*, en parlant des Panathénées. Cette expression barbare n'est d'aucune langue, que je sache ; c'est une abréviation ridicule du mot *Fragment*, et elle est d'autant plus mal placée dans la Notice de la Galerie du Musée central, que cette collection, la plus précieuse de l'Europe, et qui est due à la valeur de *Bonaparte*, et à son amour pour les Arts, attirant un grand nombre d'amateurs qui s'empressent d'en acheter la description, le mal a plus de facilité à se répandre, et le langage à se corrompre ; en effet si l'on pardonne aujourd'hui un mauvais mot, demain on en verra naître mille qu'on ne pourra plus corriger (1). Selon moi, le citoyen Visconti est tombé dans une erreur plus considérable, lorsqu'en parlant d'une montagne de l'Attique, d'où l'on tirait le marbre dont sont faites tant de Statues antiques, il dit, contre l'usage, que cette montagne s'appelle *Penteles* (2). Son vrai nom est *Penteli* et non *Penteles*. Le Dictionnaire de Trevoux, année 1751, s'exprime ainsi :

« *Penteli*, nom propre d'une montagne de la Lyvadie en Grèce. »

Celui de La Martinière, 1778, dit de même : « *Penteli* ou *Pendeli*, mon-

---

(1) C'est ici le cas de dire avec Berchoux, auteur de la Gastronomie :

La langue que parlaient Racine et Fénélon,
Nous suffirait encor, si vous le trouviez bon.
Elégie, aux notes de la Gastronomie.

(2) Voyez la note du cit. Visconti, après la description du Faune du n° 50, dans l'ancienne Notice, et d'une Statue colossale de *Marc-Aurele*, n° 3, dans la nouvelle.

» tagne de l'Attique, dans le voisinage » d'Athènes. »

Spon, Voy. de Grèce, t. 2, p. 70, dans une dissertation sur cette montagne, dit constamment *Penteli*. Le cit. Visconti ne devait donc pas employer le mot *Penteles*. (Quant au nom à donner au marbre qu'on en tire, le cit. Visconti ne cesse d'employer le mot *Pentelique*; pour moi je préférerais *Pentelicien*, c'est le terme généralement employé, et nombre de Savans distingués que j'ai consultés, sont de mon avis. C'est aussi de ce terme, dont s'est toujours servi Huber, traducteur de Winkelman.)

Le cit. Visconti en corrigeant dans sa nouvelle Notice plusieurs expressions absurdes, comme nous l'avons vu plus haut, vient de tomber en opposition avec lui-même, en nommant *Nébride* la peau de chevreuil dont sont couverts plusieurs *Bacchus* et *Faunes* du Muséum, et que précédemment il avait nommée avec plus de raison *Nébris*.

Mais il est temps de m'arrêter et de fermer, s'il est possible, les blessures qu'une critique, peut-être trop sévère, a dû faire à l'amour-propre du citoyen

Visconti. En effet, je crois entendre cet Antiquaire me démontrer que ma Critique est plus fautive que sa Notice, et me dire avec raison, *qu'il faut pardonner aux autres, si on veut obtenir grace à son tour, quand on est tombé dans quelque faute.*

Je quitte donc la plume, en lui protestant que ce sont ses descriptions trop hasardées que j'attaque et non sa personne. Je lui dirai donc comme Despreaux à Chapelain :

Ma Muse, en l'attaquant, charitable et discrète,
Sait de l'homme d'honneur distinguer le Poëte.

Aussi ne puis-je mieux lui faire connaître la véritable estime que je lui porte, qu'en lui donnant les louanges que méritent nombre d'explications pleines d'esprit qu'offre sa Notice, telles sont celles de la Diane, de l'Ariadne, etc. etc.

C'est le vif intérêt que je prends aux Artistes qui m'a engagé à écrire. L'envie que j'ai de leur être utile a guidé ma plume, et l'espoir qu'ils me sauront gré de mes travaux, même infructueux, me soutient, me flatte et m'engage à leur offrir les faibles fruits de mes recherches. O trois et quatre fois heureux si je puis leur être utile en même-temps qu'agréable ! !

De l'Imprimerie de J.-R. LOTTIN, rue de Jérusalem, n.° 28, an XI.

www.ingramcontent.com/pod-product-compliance
Ingram Content Group UK Ltd.
Pitfield, Milton Keynes, MK11 3LW, UK
UKHW021629260726
13994UKWH00003B/1141

9 782329 397856